# Contalles en Chapurriau
## al racó del foc

Nordés Libros

Apartado de Correos 222

36280 PORRIÑO (Pontevedra)

http://www.nordeslibros.es

© Nordés Libros, 2021

© Carlos Ollés Estopiñá

Primera edición: noviembre de 2019

Imagen de cubierta: Edelweiss Ollés Pasamar

Printed in Spain - Impreso en España - Imprés en España

# Contalles en Chapurriau al racó del foc

PER

## CARLOS OLLÉS ESTOPIÑÁ

CORRECSIÓNS A CARREC DEL FILÓLOGO

**RAMÓN GUIMERÁ LORENTE**

Nordés
CHAPURRIAU

# Índice



Un home avarissiós
Un gorrino mol car
Un mal entés
Un pebre roch
Una sardina moguda
Un cuento trist
Lo que fa la fam
Un tonto mol listo
Cuento curt
Res, res no y ¡¡ay ay ay!!
Lo rey Midas
Dónam pa y disme tonto
A un raconet de Aragó



Meche y menescal de Valderrobres
Lo heliotropo de Beseit

# Proleg per Luis Arrufat
(Lo agüelo sebeta)

*U*n añ están de vacasións a Benicásim (Castelló), aón parlen una llengua mol pareguda a la nostra, la meua neta de nau añs y yo, anabem a comprá lo diari com tots los díes, sempre al mateis puesto.

La sagala anáe rosegán una cansoneta que li había enseñat en CHAPURRIAU que li fáe grasia, al sé de un atra manera de parlá a la seua.

—"Plau y fa sol, les bruixes se pentinen; plau y fa sol, les bruixes van de dol".

Y venga a repetí la martingala.

Cuan vam arribá a la dona de uns setanta añs que, mos veníe la prensa y que sempre mos habíe sentit parlá en castellá... la cría seguíe en la seua cansó:

—"Plau y fa sol, les bruixes se pentinen, ....."

La dona al sentila se la va mirá, se li van arrasá los ulls y en una veu que eisíe de lo més fondo del seu pit, va seguí, acompañán a la meua neta:

—"...., plau y fa sol, les bruixes van de dol."

Van acabá les dos al mateis tems.

La dona, en llagrimetes als ulls mos va esplicá:

-Soc de Vilarreal, eisa cansó me la van enseñá a la escola, cuan yo era menudeta. Mai la había tornat a sentí y ara la chiqueta me la fet enrecordá, Grásies.- Y li va regalá un relochet de juguet.

Fa mols añs, a un mun de kilómetros de distansia, a dos pobles, de diferantes provinsies, en un tems que diuen que la nostra llengua estáe prohibida, a les dos escoles enseñáen "cansonetes" iguals.

Está clá, entre los dos ñabíe una historia comú, los dos habíen tingut los mateisos Reis, les mateises arrails.

An este llibre que tens a les mans, se han intentat replegá, pa que no se piárdeguen, eises cansóns, eisos refráns, jotes, cantos de misa, costúms, charrades, etc. Totes eises coses que, en mol poca diferansia, han estat y mols encara están a la machoría dels pobles de la nostra comarca del Matarraña, son la nostra historia.

La cultura de un terreno no sol está feta per los llibres que se han escrit, ña moltes més coses que formen part de lo sabé.

Tením les cansóns de totes clases, en este cas nostre, les jotes, les normals, les de picadillo, les de rogativa al San del poble, les de ronda, les nanes, les cansóns de la escola, les de los chiquets mentres eren menuts.

Ñan coses escrites, resiaptes de cuina, de pastes, treballs fets a les escoles, novenaris, refráns, algúns diaris, hasta algún dicsionari o colecsións de paraules nostres.

De asó ña algo espesial: los pobles que han tingut la sort de podé conservá los archivos de los achuntaméns o papés antics com a testaméns o negosis entre persones particulás.

Costúms de pendre una grasiosa a la fon de la rosca, del choriset, de les nits a la fresca, les olives al caliu, les figues en aigua del pau.

Historietes pasades de pares a fills, sempre parlán, sense que dingú mos pugue di cuán tems fa que van. Unes atres que sí que están als llibres com alguna referansia als yaisiméns antics, los recuerdos de la guiarra, los fosás, les iglesies, los castells, los monuméns.

Colecsións de fotografíes velles, de ferraméns del campo, de coses de la casa, topíns y cantes, argadells, saries, albardes.

Les histories e historietes, les esplicasións de pa qué servíe cada herba, les seremonies pals sanaméns.

Y sobre tot asó está la nostra llengua, la nostra manera de parlá; eisa es la milló heransia que mos van disá los agüelos y la que natres mos ham empeñat en disals als nostres nets.

Totes estes coses y moltes més son lo fundamén de la nostra vida, de la nostra historia.

Y ara ña chen empeñada en que tot asó no se piárdegue y la milló manera es escribinú en llibres, este es lo primé y yo ting lo gust de recomenaltou.


Escrit en la particularidad del parlá de Valchunquera.

# Introducsió

$\mathcal{D}$e tan en tan, encara me venen al cap trossos de moméns de cuan era menut al racó del foc, acompañat per ma yaya y mon yayo, sobre tot de nit y al ivern. Eixe ere lo momén mes mágic del món, cuan me contáen charrades, cuentos o histories, mentres me empapussáen de farinetes y bones tallades de conill criát a casa (per sert, sense comparassió en los de avui en día, aquells conills estáen mes bons). En eixos moméns va naixe en mi la curiosidat per a arreplegá charrades y tradissións que a lo llarc del tems ha anat creixén casi sense freno. Fruit de aixó es este llibre a on poso moltes de les contalles de les que yo men enrecordo de lo que me contáen cuan era un crío, engordit en mes coses que hay anat arreplegán a lo llerc de la meua vida, parlán en la gen, escoltán o insitán a que posaren charrades de tot tipo a lo Facebook del grupo "Yo parlo chapurriau". Moltes ne van ñabé de repetides, pero encara i tot aixina ne vach conseguí unes cuantes, les sufissientes per a fe este treball y plasmá estes charrades plenes de sabiduría y sobre tot, per a evitá en la manera de lo possible de que mos se pérdeguen conforme van marchán los mes vells del Matarraña. Realmén, este es lo fi que busco que no se pérdeguen. Ademes, escrites tal y com u sentía de la veu de mons yayos, y en chapurriau, que es la nostra llengua vernácula de la que estic mol orgullós de parlála y escríurela encara que sigue sense normes. Tinc mes llibres escrits y publicats, pero pot sé que este sigue lo treball escrit mes importán de la meua vida, perque u fach en la llengua que me va vore naixe. Este es un escrit lliure de dogmes y normes encorsetades y per lo tan la proba palpable de que si un vol entendre entén, sense cap problema, fora de les normes preestableixcudes de los llingüistes de salón que desde una bona poltrona mos diuen qué parlém, sense interesás de cap manera per la nostra cultura.

Grássies a tots los que me habéu contat les vostres charrades, siréu un tros importán de este llibre tan particulá com personal, ya que hau contribuít en gran medida a que la nostra llengua quedo per a la historia, arreplegada an este treball. Seguíu parlán en chapurriau, seguíu escribín, dingú tos pot prohibí expresátos, encara que sigue sense normes, no tinguéu po del qué dirán, es la nostra llengua, es lo chapurriau.

Definissió de "llengua" según lo dicsionari de la R.A.E. (Real Academia Española): Sistema de comunicassió verbal propi de una comunidat humana y que conté normalmén en escritura (aixó radé – la escritura – no es nessessari per a que se contemplo com a llengua).

Només al Matarraña ya ña una bona comunidat humana que parle lo mateix, per lo tan lo Chapurriau entre dins dels cánons per a sé una llengua en tots los drets. Ademés, desde fa uns añs hasta aquí, tamé ñan escrits publicats en chapurriau, este no es lo únic, per lo tan se cumplixen tots los requissitos.

A tots los que me habéu ajudat a fé possible este llibre, contánme les contalles que sabíeu y que hay reflejat al blog: https://parlocha-purriau.blogspot.com/ Moltes grássies.

A: Manuela Carlús, Pablo Ollés, Rafael Ollés, Edília Estopiñá, Angelina Ferreró, Joaquín Estopiñá, José Ferrás, Juan Siurana, Ramón Guimerá, Dolores Guimerá, Carmina Segurana, Teresa Adell, Mayte Albiol, Pedro J. Bel, Mario Alegre, María Cinta Lombarte, Cristina Roc, Agustín Roc, Juan Carlos Abella, Ana María López, María del Carmen Alegre, María del Carmen Mulet, Ángela Albiol, Carmen Latorre, María del Carmen Pérez, Carmen Pérez, Enrique Diego Segurana, Pilar Ferreró, Olga Celma, Rosa Abad, María Jesús Micolau, Belén Salvador, Sonia Vives, Luis Jasanada, Trinidad Gil, Elena Espinosa, José Serrano, María de los Ángeles Serrano, Fernando Tejedor, Ramón Albesa, Pilar Durán, Dolores Ferrer, Isabel Moncada, Ana Torres, Ángeles Cerdá, Ángeles Royo, Josep Alcober, Yolanda Alegre, Inmaculada casado, Teresa y Elena Puch, Mª Carmen Arrufat, Lola Milián, Carlos Ollés y "l´agüelo Sebeta" Luis Arrufat.

Partissipassió per poblassións: Valderrobres, Ráfels, Beseit, Fórnols,

Valjunquera, Fabara, Arnes, Tamarit de
Llitera, La Portellada, La Fresneda, Maella,
Queretes, La Torre del Compte, Valldeltormo o
La Vall, Nonasp, Albelda.


Mos podeu seguí a:
https://parlochapurriau.blogspot.com/

Blog de interés:
https://wikipediachapurriau.blogspot.com

# Dichos

La dona es estopa
Lo home es foc
Arribe lo dimoni
y bufe un poc.


Si te pique la viboreta
prepara la mortalleta.
Si te pique lo escursó
que te donon la Santa Unsió.


Lo gall que cante cuan lo sol está post
es que cante a morts.


Lo que a fora del poble se va a casá
va a que lo engañon o va a engañá.

Qui guise dols, guise per a mols
Qui guise salat, guise per al gat.


Abre vell y trasplantat
primé mort que arrailat.


A la mort no tíndreli po ni buscála
només fa falta esperála.


Actúa com cal
que en los dinés que pagos te pagarán.


Al amic, si li guañes al joc,
guáñali poc.

Al enemic que fuch
móstrali la dressera.


Abans de burlát de algú
mírat be com eres tú.


Lo qui se gite en chiquets
té cullita de pets.


Dabán del sol
poca llum fa lo cresol.


Per a santa Llússia un pas de pulsa.
Per a Nadal un pas de pardal.
Per a San Antoni un pas de dimoni.


Gloriós mes...
que escomense per tots los sans
y acabe per san Andrés.

La ralla de San Martí.
De matí la aigua aquí,
de vesprada l´aigua passada.


Per a San Martí...
agarra la escala y ves a cullí.


Lo qui a casa está se seque
y qui marche sempre llepe.


Volén o no volén...
de la dona sigues parén.


Val mes una sardina a gust
que costelles a disgust.


Lo qui cante a la taula y al llit
no té lo cap ven cumplit.


Home pelirroch y gos pelut
antes morts que coneguts.

*L*o qui val per a trasnochá
tamé val per a matiná.


*A* la casa que ña un vell
no hi faltará un consell.


*A* la casa que de tot ña
pronte se arregle lo sopá.

Después de minjá
ni treballá ni estimá.


No esperos lo mal tems
en la pancha forra.


Minja be, caga fort
y no tingues po a la mort.

Mes val tindre bona gana
que bon minjá.


Ni minjá cansat
ni beure suat.


Val mes vestí sans
que despullá borrachos.


Casa de dos portes
fa de mal guardá.


De tots te burlarás
pero de Deu no te escaparás.


Del gat pollós y del chic mocós...
no te faigues lo desdeñós.


De moliné cambiarás,
pero de lladre no te escaparás.

Rics y pobres
tots caguen per lo mateix forat.


Láigua per al molí,
y a la pancha lo vi.


## A San Antoni


San Antoni que veníu
an este mes de giné
Fes que a la bossa del obré
li arribo algún diné.
Y per a acabá tos diré,
que vigiléu desde aquí,
feu que als homens de este poble,
que no se atipon de vi.
San Antoni, San Antoni,
yo no tu volía dí,
los pobres planten la viña
los rics se foten lo vi.

San Antoni, San Antoni
tú que estás per estes roques,
guárdam les cabres goludes
que no´s minjon les bajoques.


La capelleta de San Antoni,
lo que no acudirá no tindrá pa ni oli.


Per a San Antoni
lo tems fa un pas de dimoni,
y per a Santa María
una hora llerga creix lo día.


Lo rosari als dits
y lo dimoni entre mich.


Eres com lo tord,
la cara prima
y lo cul gort.

Qui trenque espardeñes demanán
no ne trenque mes treballán.


Cuan mes regirarás
mes fang trovarás.


Nores, sogres y cuñades
son anses de cante mal apañades.


La vergoña críe roña.


La passiénsia ere verda
y un burro se la va minjá.


La vergoña ere verda
y un burro se la va minjá.


Lo borrego manso mate al amo.


La mula mansa mate al amo.

Val mes morí de un rot
que de un badall.


Val mes morí fart
que morí de fam.


Per a Nadal...
Lo gorrino a dal.


Si ten vas
Fícay un tap.


Sel a roquetes
Aigua a bassetes.


Per a Nadal cada ovella al seu corral.


Persona desgrassiada,
llego olvidada.

Eres com lo tord,
la cara primay lo cul gort.


Qui trenque espardeñes demanán
no ne trenque mes treballán.


Cuan mes regirarás mes fang trovarás.


Nores, sogres y cuñades
son anses de cante mal apañades.


La vergoña críe roña.


La passiénsia ere verda
y un burro se la va minjá.


La vergoña ere verda
y un burro se la va minjá.


Lo borrego manso mate al amo.
La mula mansa mate al amo.

$V$al mes morí de un rotque de un badall.

$V$al mes morí fartque morí de fam.

$P$er a Nadal...Lo gorrino a dal.

$S$i ten vas
Fícay un tap.

$S$el a roquetes
Aigua a bassetes.

$P$er a Nadal
cada ovella al seu corral.

$N$adal al sol,
Semana Santa al foc.

$A$ra ve Nadal, minjarém tarróns
y en la guitarreta cantarém cansóns.

Per a San Esteve un pas de llebre,
per Añ Nou, un de bou,
per a San Silvestre
per la porta o la finestra entre
y pels Reys, burro es qui no u coneix.

Carnistoltes, quinse voltes,
a Nadal uno volta mes,
Que tots los díes foren festa
y lo domenge plovén


Cuan la candelera plore,
lo invern es fora.
Pero si plore com si no plore,
ni a dins ni a fora.


Pobre del pobre
que te la boca que obrí.
Y pobre del ric
que no te apetit.

# Refráns

Si te vols casá bé, cásat al carré.


A la taula y al llit al primé crit.


Lo ull blau y la sella rossa... bona mossa.


Si vols se ben servit, féste tú mateix lo llit.


A propet del ríu... no te faigues lo níu


A pancha vuida tot són badalls.


A bon bossí bon glop de vi.


Allí a on ne minjen tres
ne minjen cuatre.

Na que guardá per a demá, gana y pa.

Lo pa no té cames, pero fa caminá.

Lo rot del bon profit es ben consentit.

La mel es bona a cuansevol hora.

Lo arrós fa lo ventre gros.

Mate mes gen la taula que la guerra.

Mes val arribá de hora que sé convidat.

Aigua corrén no fa mal a la gen.

Aigua corren may ha fet mal al ventre.


L´aigua crie granotes


Les tres grássies del vi... fresc, negre y fi.

Al home fart, donéuli un bon llit.

Qui no té memoria... té cames.

Lo qui no te cap... té que tindre cames.

¡¡¡Al estiu tot lo mon viu!!!

Llarc de cames, curt de esquena...
¡¡Fuch faena!!

Home menut... carregat de puñetes.

Lo día nugolós, engañe al pereós.

Núgols a roquetes, aigua per a les bassetes.

Núgols a clotets, aigua a charquets.


La ovella que bele pert lo bossí.


La barba de mols colós
sol la porten los traidós.


La llengua no té ossos
y ne trenque de mol grossos.


La orella es lo embut del cor.


Cada gall cante al seu galliné.


A casa nova no ñan rates.


Bon viure y no treballá... no pot durá.

Minja per a viure y no visques per a minjá.


Lo qui mol viu mol veu.

Viure be podrás,
pero de la mort no ten escaparás.


Per damún dels sincuanta añs...
pocs bañs.


Los desengañs
fan torná los cabells blancs.


A la vellesa se fa lo dimoni sabaté.


A caldera vella... boñ y forat.


Cuan mes añs mes desengañs.


De gabia vella se escape la cagarnera.

Daban del mort se fa lo bon plorá.

Después de mort ni viña ni hort.

Lo dol de dona morta,
dure hasta la porta.

Lo mort a la terra y lo viu a la guerra.

Lo mort al forat y lo viu al plat.

Al mort tots los dolós li passen.

A bon capellá bon sacristá.

A cada porta la seua clau.

Al camí llerc pas curt (o llarg, llarc).

Al sel no se va a caball.

Deu done pa du a qui no te quixals.

A pancha plena no ñan penes.

Abril bañat, de pa ben carregat.

A barco foradat tot lo ven li es contrari.

A gat vell, rata tendra.

Allá a on cagues dixes la merda.

Mes cague un bou que sen pardals.


Lo que parle de merda es que está brut.


A on ha ñagut, sempre quede.


Casa de mols amos, topí vuit.


La roba bruta se rente a casa.


Qui li haigue fet lo nas...
que li aguanto lo bras.


Moixonet de riu,
tan pronte plore com sen enríu.


Cara bruta, nas cagat... chulla de gat!

De menut se críe lo abre recte.


Cuan mes menut es lo moixó…
mes baba.


Que lo engordixque qui l´ha fet.

Gent jove… pa tou.

# Endivinalles

*P*enchut pencháe,
Pelut aguaitáe,
Cau penchut,
Corre pelut...
¿¿¿Qué es???

↳ Solusió: Un cuixot penchat
un gos esperán a que caigue
cau lo cuixot y corre lo gos a per nell.

Té boca y no té dens... ¿U enténs?
Té tripa y no té melic... ¿U has sentit?
Té cul y no té forat... ¿U has casat?

↳ Solusió: Lo cante.


Una siñorita sen va cap al mercat
en la coa verda y lo vestit morat.

↳ Solusió: La aubergínia.


Un llansol ben bordat o mal bordat,
pero la punta de la agulla no hi ha entrat.

↳ Solusió: Los núgols.


Entre tiesso y relluén,
y cuan ix,
está mustio y calén.

↳ Solusió: Lo primentó rostit.

Naix cantán
y mor sense ossos.

↳ SOLUSIÓ: Un pet.


Quín es lo colmo de la passiénsia?

↳ Posá una espardeña dins de una gabia
y esperá a que canto.


Un agüelo que está a un racó y
se tire uns pets com un bacó.
¿¿Qué es??

↳ SOLUSIÓ: Una escopeta vella o un trabuc


Tres añs viu un furó.
Tres furóns viu un gos.
Tres gossos viu un caball.
Tres caballs viu un home.
¿Cuáns añs viu un home?

↳ SOLUSIÓ: Féu la cuenta y tos ixirá

La cassola de testos
y la tapadora de carn
no adivinarás aixó ancara
que estigues tot lo añ.

↳ SOLUSIÓ: Lo orinal o bassí.


Dos mares y dos filles
van a missa en tres mantellines.
¿A ver com pot sé aixó?

↳ SOLUSIÓ: La yaya y la mare són dos mares
y la mare y la filla són dos filles. Per lo tan sol
ne van tres a missa, per naixó sol porten tres
mantellines, una cada dona.


Al monte me vach criá,
vestida de verts llassos,
cuan ploreu per mí
me esteu fen pedassos.

↳ SOLUSIÓ: La seba.

*G*uilindaina está al bancal
en 13.000 a caball.
Tots van vestidets de roch
menos Guilindaina lo boch.

↳ RESPOSTA: Lo sireré.


*U*na cosa que sol té una den
y cride a tota la gen.

↳ RESPOSTA: La campana.


*U*na dona va al mercat.
Ne compre un plat
en minche un plat
y ne tire un plat...
¿Qué es?

↳ SOLUSIÓ: Los caragols.

Churrimpampli está al bancal
en cuatre mil a caball,
tots són de coló roch
menos churrimpampli que fa goch.
¿Qué es?

↳ Solusió: Lo sireré.


Té boca y no té dens.
Te brassos y no té mans.
Te cul y no té forat...
Que es???

↳ Solusió: Lo cante.


Bumburolla... ¡¡Trenca la olla!!
¿Quin es lo animalet que pon a la palla?
¡¡¡La Gallina!!!
¡¡Calla burro que ya u sabía!!


¡Marit marit! ¡nemon al llit!
Farem alló que vam fe anit...
en pelleta y en pelet
taparem lo foradet.

↳ Solusió: Los ulls.

*E*n este banc están assentats
un pare y un fill.
Lo fill se diu Juán
y lo pare ya te u hay dit.

↳ S*olusió*: "Esteban".


*U*na siñoreta mol ben defensada
Sempre está coberta y sempre va bañada...
¿¿Qué es??

↳ R*esposta*: la llengua.


*E*ntre dos roques cruixen billotes...
¿¿Qué es??

↳ R*esposta*: Un pet.


*D*os peus estáe sentat en cuatre peus
minjánse un peu en cuatre peus.
Ve cuatre peus y li agarre lo peu a dos peus.
Se eixeque dos peus, agarre cuatre peus
y li trenque un peu a cuatre peus.

↳ RESPOSTA: Un home estáe sentat a la cadi-
ra minchánse una pota de pollastre a la taula.
Ve lo gos y en un descuido se li emporte la
pota de pollastre. Se eixeque lo home enfadat
agarre la cadira y la hi tire al gos, trencánli
una pota al gos.

# Traballengües

(Se tenen que di depressa):

*P*lou poc pero pa lo poc que plou ya plou prou.

*D*e ploure prou que plou pero plou poc.

*P*lou poc pero plou prou per a omplí lo pou.

*U*n plat pla blanc ple de pebre negre está.

*A* ginollóns cullía codoñs, codoñs cullía a ginollóns.

¿Qué fas Félix? Pelo pesols ¿Pesols peles, Félix?


Setse juesos de un jusgat minchen feche de un penjat. Si lo penjat se despenjare se minjaríe los setse feches dels setse juesos que lo han jusgat.


Una ovella sedella, medella, llana llanuda cap y cornuda

ha tengut un sedell medell llanat llanut cap y cornut.

Si la ovella no haguere segut llana llanuda cap y cornuda

no haguere tengut un sedell medell llana llanut cap y cornut

pero com la ovella ere sedella medella, llana llanuda cap y cornuda

va tindre un sedell medell llanat llanut cap y cornut.

Nabíe una formigueta que anabe per un camí y li va caure una volveta de neu a la poteta y lay va trencá, entonses va di...

—¡Mira qué valenta es la neu que m´ha chafat la poteta!.

Y se díe:

Neu trenque cama.

La neu que la va sentí li va di:

—Mes valén es lo sol que se me minje. Sol minja neu y neu trenque cama.

Lo sol que u va sentí diu:

—Mes valéns són los núgols que me tapen.

Núgols tape sol. Sol minja neu y neu trenque cama.

Los núgols que u senten diuen:

—Mes valén es lo ven que mos fa corre.

Ven fa corre núgols, núgols tape sol, sol minje neu y neu trenque cama.

Lo ven que u sen diu:

—Mes valentes són les parets que no me dixen passá.

Parets no dixen passá ven, ven fa corre núgols, núgols tapen sol, sol minje neu y neu trenque cama.

Les parets que u senten diuen:

—Mes valentes son les rates que mos foraden.

Rates foraden parets, parets no dixen passá lo ven, ven fa corre núgols, núgols tapen lo sol, sol minje neu y neu trenque cama.

Les rates u senten y diuen:

—Mes valéns són los gats que mos se mingen.

Gats mingen rates, rates foraden parets, parets no dixen passá lo ven, ven fa corre núgols, núgols tapen lo sol, sol minje neu y neu trenque cama.

Los gats que u senten diuen:

—Mes valéns són los gossos que mos fan corre.

Gossos fan corre gats, gats minchen rates, rates foraden parets, parets no dixen passá ven, ven fa corre núgols, núgols tapen lo sol, sol minje neu y neu trenque cama.

Se pot aná amplián tot lo que se vullgue, sempre en la condissió que se repetixgue tot lo dit abáns.

# Poesíes
## per Juan Carlos Abella

Avui s'ha girat mol aire
un aire que bufe pel de matí
un aire espessial a cada poble
lo aire de la gen de aquí.

Aire que mourá un tren
un tren plé de sentimens
un tren que mourá la nostra gen
dones y homens mol valéns.

La nostra es gen de pau
respetuosa en lo veí
y luchen per lo seu Chapurriau
als carrés a tingut que eixí.

Son aires plens de ilusió
aires carregáts de esperansa
aires de historia y de tradisió

aires dignes de la milló alabansa.

Son molta gen que defense lo seu
gen que no se volen dixás cambiá
gen que s'ha aixecát de peu
gen que sol volen fes respetá.

Un día te mou este aire
y un atre te mou éixe ven
lo sert es que avui dingú te pare
los añs t'han fet mol valén.

Perque no som menos importáns
perque no volém esta davall
perque volém parlá com avans
anirém lo disapte a la Vall.

# NATROS

¿Perqué no te volen Chapurriau?
Yo no puc entendre tal cosa
es algo que no se justifique masa
pos sempre has segut una llengua de pau.

¿Per que los fás tanta nosa?
No te poden vore ni en pintura
te donen tanta amargura
que ñan que te odien en tota le seua forsa.

Lo mes trist es  aquella poca gen
que de esta llengua han renegat
de la primera llengua que han parlat
los agrade ana a contracorren.

¿Qué a pasat Chapurriau?
¿Qué es lo que te troven tan mal?
¿Per que esta gen no trove normal
que aquí natros parlem lo Chapurriau?

Que natres naixem en Chapurriau
a tota la gen del mon los volem dí
que no mos faiguen mes patí
pos aquí tamé pensem en Chapurriau.

Aquí ensomiem en Chapurriau
y aixó no u volem cambiá
tamé cuan mos anem a enamorá
declarem lo nostre amor en Chapurriau.

Sempre mon enriem en Chapurriau
cuan sentim alegría, y ilusió
pero cuan la vida mos done tristó
plorem tamé en Chapurriau.

Tota la vida la vivim en Chapurriau
així a la vida veem pasá
y cuan esta se vol acabá
tamé mos morirem en Chapurriau.

Potse es aixó lo que los fá embecheta
que mos tinguem tanta fidelidat
que mos vullguem hasta la eternidat
pos aixó no es cap cosa menudeta.

Perque naisem, pensem, y morim en
Chapurrriau
    per aixó forme part de la nostra identidat
    moltes generasions lo ham defensat
    per aixó som la gen del Chapurriau.


# LO MEU MATARRAÑA

Matarraña te vull tan
estas ple de montañes y rius
y de pobles aon tu vius
de estes coses ne soc fan.

La gen está orgullosa
de la seua manera de sé
sempre defense tot lo que té
una cultura tan maravillosa.

Contens estem de viure a Aragó
esperit aragonés tenim
així es com mos sentim
no podem sentimos milló.

La gen del Matarraña es tan noble
que cuan done la seua paraula
la defense en tota la seua alma
y aixó u fan a cada poble.

Los homens son tan trevalladós
que mai fuxen de la faena
no avandonarán mai la tarea
per aixó son los millós.

Les dones tenen tanta valentía
que gran sorpresa ten enportes
cuan veus que son tan fortes
y tu desmostren a cada día.

Ay Matarraña, que gran te vech
cuan vull paseijá
y ting tan per a podé triá
sí, sí, claro que ne soc fan.

A la gen que mos visite
sé qué cuan te que marchá
una llagrimeta mos dixará
de tan emosionada que se fique.

A dal lo sel es tan blau
que sempre am disfrutat
d'un sel tan poc contaminat
que no cambie ni cuan plou.

Entre pobles tan monumentals
la vida sempre tire pa avan
la seua historia va pasan
y no ne ñan dos de iguals.

Sempre queden coses per descubrí
una fon, un albre, una roca
de hermosura no ñá poca
son tantes coses que mos fan seduí.

Bona terra la del Matarraña
ben orgullos vull cridá
que tots me puguen escoltá
que pera mí es la milló de España.

# PASTORET VALEN

Avui vull parlá d'un tems pasat
que fa mol que ham olvidat
de eise pastoret valén
que cuide lo seu bestiá ben contén.

Cuans añs tindrá eise pastoret
pos sol es un chiquet
que per nessesidat te que treballá
a la familia ña que ajudá.

Se eixeque mol de matí
cuan lo sol no a vullgut eixí
amorse y baixe al corral
a vore que tot estigue normal.

La primera cosa que fa
apartá los cordés que va ficá asormá
ya están les ovelles a pun
per a pujá montaña amún.

Estos díes no porte gos
pos un llop lo va ferí d'un mos
lo pastoret toque lo flariol
per a no sentís tan sol.

Esta tarde s'ha fet una tronada
de les que tenen a la gen asustada
y a cap casalisi se pot amagá
a la intenperie la haurá de pasá.

A unes roques va trobá amagatall
com va podé se va posá daball
asustat sol pense en sa mare
pos no sap si la tornará a vore.

Mare no vull que ploros per mi
no soportaría voret patí
yo estic mool orgullós de tu
pos m'has ajudat a se mes dú.

La tronada ya va pasá
y esta la pogut contá
pero lo atre día mes prop
va tindre la visita del llop.

Lo llop está mol famolenc
y aixó lo fa encara mes violén
a la rabera ha atacat
y una obella s'ha emportat.

Lo llop y la ovella voltera que voltera
tanta violenssia asuste a cualquiera
pero lo nostre pastoret no te po
y cap a lo llop se tire en determinassió.

Lo pastoret sol es un chiquet
no masa alt, mes be menudet
lo llop a la ovella ha soltat
y cara a cara en ell s'ha quedat.

Un bon mos a la cama li ha pegat
de tan doló casi s'ha desmallat
pero al llop li ha fotut una garrotá
que ha fet que lo llop lo haigue tingut que
soltá.

Y marche en la coa entre les garres
sempre recordará com te les gastes
y aixó que ere un llop mol gran

una bestia enorme. Impresionán.
Coisejan a casa seua torne
y sa nare la cama li cure
asustada no fa mes que pensá
en alló que haguere pogut pasá.

Varios añs han pasat
y lo pastoret s'ha enamorat
ilusionat lo día de demá
la seua familia creará.

# Cuentos

# Un home avarissiós

𝒩abíe una vegada un pobre que se dedicáe a aná per los pobles a demaná.Pom pom... ¿quí es?... ¿Me podríe doná la caridat?... Com a naquella  casa eren mol pobres sol li van pugué doná un sigró... ¡Qué poc! (va pensá).Cuan va sé la hora de aná a missa sen va aná cap a la iglesia y va dixá lo sigró damún de un pedrís fora de la iglesia. Al ixí de la missa, una gallina que anáe solta per lo carré se lo habíe minjat. Pero ell de allí no sen anáe sense lo sigró, o sense la gallina que portáe lo sigró dins, perque se lo habíe minjat. No valíe gaire lo sigró, pero ere de ell y ere lo únic que teníe.Al final se va emportá la gallina, perque lo sigró no la hi podíen torná. Al día siguién la mateixa operassió que lo día de abáns. Va torná al poble y a la casa que li van doná possada ñabíe un tossino que va fé festeta de la pobra gallina, perque se la va trapiñá. Ara lo pobre en la mateixa cansó va demaná lo tossino. Al final tan fort se va posá en la gallina que li van tindre que doná lo tossino.Va marchá a demaná a un atre poble y al amagás lo sol va fé cap a casa de una gen mol bona que li van tindre que doná un bou que teníen perque este se va minchá lo tossino. Marche en lo bou cap a un atre poble y se va desvíndre a la hora de missa, pare a una casa y los demane que li guardon lo bou, mentres está ell a la iglesia.¡Mare de Deu Siñó!... a naquella casa ñabíe una chiqueta dolenta... marche lo pobre y la chiqueta li diu a sa mare... Mare... si puguera minjá feche de bou me apañaría. La mare li va doná lo gust a vore si se apañáe de verdad.Cuan lo tarugo del pobre va torná a per lo bou... Ya tos podeu pensá qué va passá... lo bou o la chiqueta... Se nen va emportá a la chiqueta a dins del seu morral y per lo camí la fae cantá diénli... "Canta surró que si no te pego un coscorró". La chiqueta cantáe com podíe, encara que ploráe, pensán en sa mare.Va sentí la chiqueta la oportunidat de salvá la pell: va escoltá com entráe a casa de sa tía, perque la va coneixe en la veu... La mateixa cansó... Lo pobre li va demaná que li guardare lo surró mentres anáe a missa. La tía va sentí gañí dins lo morral y al obril va coneixe a la neboda La trau del morral y pense... Estaríe be que la chiqueta se li tornare un cante ple de aigua y se enduguere un bon chasco.En lo cante sen va aná lo pobre caminán cap a un atre poble. Per lo camí no fee mes que dili al cante... Canta per a mi! y com es natural no cantáe dingú. Tot enfadat perque no cantáe, agarre lo morral y lo esclafix contra una roca y al momén chorros de aigua a enterra bañánu tot.Lo pobre va torná a sé pobre com cuan va ixí de casa y la chiqueta va torná a casa en sa mare; y es que com diu lo refrán... La avaríssia trenque lo sac.

# Un gorrino mol car

Teníen un gorrino a una casa de Beseit que sempre estabe igual, no se engordíe encara que minjáe mol. Veníe la fira de Valderrobres y la dona li va di al home: ves y ven este gorrino y pórtan un atre. Sen va aná lo home cap a fira y només arribá a Valderrobres va vendre lo gorrino, sense pará molta cuenta de a quí la hi veníe. En les perres a la burchaca sen va aná a doná cuatre voltes per la fira a vore los tenderetes y de pas intentá comprá un atre gorrino. Acabe de doná tota la volta a la fira, veu un gorrino sec y pense: este me lo vendrán ben barat, yo lo engordiré, lo posaré gort que chape y ya vorás quins cuixots mes bons. Compre lo gorrino pero té que afegí alguna perreta mes de les que portáe de la venta que va fé al arribá a la fira y sen entorne cap a Beseit (en aquella época portaben los gorrinos a passejá per a que no tingueren la patera). Arriben lo home y lo gorrino a casa y li diu a la dona: - Qué curiós, este gorrino se sap lo camí de casa, y la dona li va contestá: - Pos claro que sel sap lo camí, es lo mateix gorrino que has anat a vendre.

# Un mal entés

ꗢen va aná un home a la mili y com tardáe mol a escriure tots los familiás estaben preocupats.

Al cap de mol tems va ressibí una carta la familia, y les germanes, que sabíen poc de lletra, al llichí aquelles lletres les van entendre mal y se van fé la idea que habíe tingut unes fiebres mol ruines.

Elles van entendre: "Que dentro de poco estaré difunto". Ya ploraben tots, hasta que a la novia se li va ocurrí una idea y va di: - Donéume la carta que me la lligirá lo capellá. - Cuan lo capellá va lligí  la carta los va di:

¡Pero qué té que di que "estaré difunto"!, si la carta diu "que he tenido unas fiebres pero ahora ya estoy mejor y pronto estaremos juntos".

# Un pebre roch

*A*ixó va passá a Beseit.

Li va di una mare al seu fill:

-Ves al tenda y compra pebre roch.

Mentres anáe a la tenda lo chiquet se va entretindre jugán. Va arribá a la tenda al ratet y ya no sen enrecordabe de lo que li habíe dit sa mare. Torne cap a casa.- ¿Mare, qué m´has dit que compra? -

¡Pebre roch!

Y una atra vegada marche a comprá y tamé se entreté jugán.

Se va torná a olvidá de lo que volíe sa mare y torne cap a casa.

Ere la tersera vegada que sa mare lay díe y ya estabe farta y li va di:

-¡Pebre roch, capsot! -Pegánli una clatellada.

Sen va cap a la tenda lo noy tot dolorit esfregánse lo clatell y pel camí anáe repetín:

- pebre roch capsot, pebre roch capsot -

Al arribá li diu la tendera:

- ¿Chiquet qué vols? - y ell li conteste a la dona:

- ¡Pebre roch capsot! -

# Una sardina moguda

𝒰n masové baixe al poble a fé unes gestións y cuan se fa de nit sen entorne cap al mas. Antes de marchá se va a comprá algo per a sopá a la tendeta del poble.

Al entrá veu sardines salades y li pregunte a la tendera: ¿Aixó se cou pronte?

La tendera li diu: sol cal que veiguen lo foc y ya están cuites.

De camí tornán cap al mas li agarre fam al sentí la oló de les sardines que portáe.

Allá llun veu una foguera de uns pastós, sen va cap allí y sense pará de caminá, trau una de les sardines y li cau enterra. A paupóns la busque a la oscurina de la nit y sense donás cuenta agarre un sapo. Cuan arribe al cantó de la foguera li enseñe lo foc y lo sapo fa ¡roc! ¡roc! y ell diu: ¡roc o no roc ya has vist lo foc! y se va fótre lo sapo.

# Un cuento trist

$\mathscr{H}$abíe un masoveret que casi no habíe anat may a la vila, només de minudet, y cuan se va fé ya mosso, sons pares van dessidí que hi hauríe de aná los domenches a fé festa, a vore si aixina trobáe novia y lo podíen casá, per a donáli continuidat a la familia y al mas, per a podé treballá les terres.

abíe un masoveret que casi no habíe anat may a la vila, només de minudet, y cuan se va fé ya mosso, sons pares van dessidí que hi hauríe de aná los domenches a fé festa, a vore si aixina trobáe novia y lo podíen casá, per a donáli continuidat a la familia y al mas, per a podé treballá les terres.

Ell estáe una mica apurat perque no sabíe cóm comportás entre la chen de la vila. Los pares li van di que no tinguere po, que faiguere tot lo que veiguere fé als demés. Cuan va arribá al poble va vore que la chen marcháe cap a la iglesia, aixina que ell va fé lo mateix. Va entrá a missa, y al entrá va vore com tot lo món sucáen los dits a una pila, la del aigua bendita, se santiguaben y acabáen en los dits a la boca, besánse la ma. Ell va pensá que preníen alguna cosa de dins del aigua y se la minchaben.

Cuan li va arribá lo turno va posá tota la ma dins de la pila y va rechirá l´aigua, al no trobá res dins va di mich cridán dins la iglesia: "Lo que se haigue fotut les tallades que se begue lo caldo".

Com tot lo món se sentáe als bancs de missa, ell se va assentá a la punta de un banc, detrás de una dona aginollada a un reclinatori. La missa va aná passán y al arribá al momén de la consagrassió al "alsadeu" va vore com un escolanet agarráe la cassulla del siñó mossen per detrás y la eixecáe. Sense pensássu gens va agarrá per detrás les faldetes de la dona que teníe dabán al reclinatori y les hi va eixecá per damún del cap, dixánli tot lo cul al aire. La dona esta se li va girá y li va pegá una galtada que va retumbá per tota la iglesia. Ell tot avergoñit sen va aná de missa y va empéndre lo camí del mas.

Al arribá tan pronte, sons pares van pensá que no habíe trobat ambién al poble; ell no va di res de la bufetada. Sons pares li van di que se teníe que habé esperat a la tarde, que ere cuan ñabíe ball y que si no anáe a ballá no trobaríe novia.

Al atre cap de semana lo van maná a la vila la vespra per a que anare al ball, y son pare li va di que tirare ullades a les chiques a vore si alguna se donáe per aludida.

Sen va lo masoveret cap al poble en les borchaques plenes a curmull y cuan va arribá al ball va escomensá a tirá a les chiques unes sinquetes (boles menudetes) que portáe a les borchaques. Pronte lo van empendre a cantalades y lo van fe ixí corrén cap al mas. Ell no sabíe qué passáe, tot assustat va arribá al mas ben de nit cuan tots estáen dormín y ell va fé lo mateix. Al atre día, cuan son pare va aná a soltá lo bestiá se va esgarrifá de vore que totes les ovelles estáen sense ulls, perque lo masoveret los hi habíe tret tots per a podé tirá les "ullades" a les chiques. Son pare lo va renegá mol y li va pegá uns cuans carchots, per no sabé que tirá ullades ere cucá l´ull a les chiques.

Lo pobre masoveret no va torná may mes a la vila, avergoñit per lo que li va passá. No va tindre novia y no se va casá. Lo mas se va aná quedán sense gent y ya cuan se va morí de vell, lo mas se va quedá herm y tancat, y en lo tems lo casalissi sa va assolá (o sorsí) y tot lo mas va desapareixe.

# Lo que fa la fam

$E$re una vegada que ñabíen dos germáns masovés que van aná a buscá novia a un atre mas. Al arribá los van invitá a sopá, pero ñabíe un que ere mol minjadó y l´atre germá li va di:

—Cuan te calsiga lo peu no minjos mes, encara que yo te diga que minjos, a vore si quedarém mal.

Així que se assenten a la taula y li fiquen un plat de farinetes a cormull  que ademés los agradáen mol, y al momén passe lo gat per daball de la taula y calsigue al germá minjadó, així que lo pobre ya no va minjá mes. Al vore que no minjáe li díen:

—¡Home, minja que no has minjat res! -  y ell:

—No, no, que no ne bull mes. - Son germá tamé li díe:

—Pero home, minja, que después tindrás gana

—No, no, que no ne vull mes.

Los amos del mas van pensá que no li agradáen les farinetes.Cuan sen van aná a dormí, lo germá li diu:

—¿Qué t´ha passat que no has vullgut minjá, en lo que te agraden a tú les farinetes?

—Sí claro, me has dit que no minjara si me calsigáes lo peu y m´has tocat lo peu només escomensá ¿Qué volíes que faiguera?

—Yo no te hay calsigat, home, ¿a vore si ha segut lo gat que estáe per daball de la taula?

—Pos es que ara tinc molta gana ¿a vore qué fach yo ara? - Aixī que se eixequen del llit y sen van a escurines allí aon estáe la cassola a minjá les farinetes.

Pero la agüela del mas se habíe eixecat per a ixí al corral a fé les nessessidats y al torná a entrá se va pegá una bufa ruidosa, y lo que estáe minján les farinetes va di, pensán que ere son germá :

—¡No bufos, no, que están fredes!

# Un tonto mol listo

Jos vach a contá un cuento mol, pero que mol antic, de cuan Napoleón va passá pel Matarraña.

Ñabíe una guarnissió de soldats españols en guerra que se trobáe rodejada per lo enemic. La cosa estáe fea, teníen molta fam y poc pa per a emportás a les dens. Cuan la situasió se va posá mol mal, los que manáen se van reuní per a buscá una solusió. Al final van acordá que manaríen a un soldat a buscá minjá per a tots los que allí estáen.

Lo capitá va reuní a tots los soldats y los va preguntá quí se oferíe voluntari, per a aná a buscá lo avituallamén que fee falta per a alimentá a tots los que allí estáen.

De entre tots los soldats sol un va ixí voluntari, ere un que tots, per les pintes que gastáe lo teníen com a un pobre tontet. Al vórel, lo capitá va pensá: "bueno, com este es mich tonto que vaigue, no se pert mol y si porte minchá pos milló".

Lo capitá no les teníe totes en ell, pensáe que ere un borinot de marca majó.

Al voluntariós soldat li van di qué volíen que faiguere: teníe que portá tot lo minchá que puguere per a nell y los seus compañs. Ell, miránlos en los ullets com perduts va di que sí y sense di res mes, se va vestí de paissá per a que no sapigueren que ere un soldat y allá al tart rossegán la tripa per enterra va ixí del campamén y va crusá les línies enemigues.

Va caminá sense sabé aon anáe una nit y tot un día, y al arribá al tart va vore allá llun un casalissi en algo de bureo per fora. Si va atansá y al está ya prop se va doná cuenta de que alló ere una venta. Ñabíen uns cuans animals de cárrega lligats, minján tranquilamén y un home umplín un abeuradó de aigua per a que begueren los pobres animals.

Lo nostre protagonista sen va cap al home que estáe apañán a les caballeríes y li diu:

—¡Bona nit tingue siñó! ¿Que podría sopá y dormí aquí?

—¡Home y tan! yo soc lo venté, vingue, vingue, passo cap a dins. Ara en un ratet li posarém de sopá, séntos aquí (señalánli un banc al cantó del foc).

Lo soldadet fa lo que li diu este home, que lo porte al cantó del foc, y cuan estáe dabán se quede mirán en cara de pasmat al foc y li pregunte:

—¿Qué es aixó? -señalán lo foc.

Lo possadé que sel mire milló y li veu una cara de borinot que no se la podíe sostindre li escomense a pendre lo pel y li diu:

—Aixó -referínse al foc- es la "repugnánsia".

Se quede mirán un rato lo foc com atontat y de repén lo soldat sen acate de que ñabíe un gat enroscat al cantó del foc y li pregunte al possadé:

—¿Y aixó que ña aquí pelut qué es?

—Lo "chirrinchonchis" -referínse al gat.

Lo noy este, teníe una cara de assustat y assombrat a la vegada y lo possadé teníe que fé esforsos per a no enríuressen a boca plena.

Al cantó del foc tamé ñabíe un topí ple de aigua, al vórel este chicot li pregunte al possadé:

—¿Y aixó qué es? -apuntán al aigua.

—¿Aixó es la "superabundánsia" -li diu lo possadé.

Al momén la dona del possadé li trau lo sopá y lo pobre noy sel minje en un ubrí y tancá de ulls. Teníe molta fam, fee uns díes que no minjáe res.

Cride al possadé y li diu que vol aná a dormí. Este lo conduix hasta la seua habitassió y mentres anáen, van passá per un mun de cadires que estáen amontonades a un racó. Al vóreles este soldat li pregunte al possadé:

—¿Qué es aixó?

Lo dueño de la casa li díu en sorna:

—Aixó són los "triquitrals" y aquí al cantó está la nostra habitassió per si te fa falta algo esta nit.

—Aquell jove en cara de pasmat seguix al possadé sense dixá de mirá aquell mun de cadires.

Com ya lo teníe per una mica curt, lo possadé lo porte a la pijó habitassió que teníe que estáe daball del tellat, pero per a aná allí van tindre que crusá una habitassió que estáe tota plena de cuixots de tossino penjats. Al vórels enseguida li va preguntá al possadé:

—¿Qué es aixó que está penjat?

Lo possadé, disfrután de la burla, li va di:- Aixó son los "sans" aquí resém la meua dona y yo de tan en tan.

—Pos yo abáns de dormí, tamé los resaré una miqueta -  li diu lo soldat.Al final arriben a la habitassió, li obri la porta y lo dixe allí lo possadé donánli les bones nits.

Antes de marchá lo possadé, este noy li pregunte:

—¿Cóm se diu vosté?

—Yo me dic "Burdeos" y la meua dona "Fragánsia".

—Pos encantat de conéixel -diu lo soldat.

Allá a les dos de la matinada, este soldat se eixeque y sense fe cap soroll va al mun de cadires, ne agarre una y la pose a la porta del possadé per a atrancála per fora y que no pugueren ixí. Mol depressa va al corral, trau los burros y caballs que ñabíen a les cuadres y los dixe preparats al carré. Después va aná allí aon estáen los cuixots, los va deslligá y los va tirá desde la finestra al carré aon estáen les caballeríes, los va carregá y va torná a entrá dins. Va agarrá lo gat, lo fot a dins del foc y escomense un estrapalissi impresionán. En eixe momén, lo soldat ix al carré y en veu alta escomense a resitá: "Ix Burdeos dels brassos de Fragánsia, que lo chirrinchonchis ha caigut a la repugnánsia y ña que socórrel en la superabundánsia, y tin ojo en los triquitrals que los sans ya están marchán".


Enseñansa: No te fíos de dingú per les apariénsies, a vegades estes engañen.

# Cuento curt

Al mich del monte ñabíe un convén mol gran aon vivíen una comunidat de flares.

Los flares estáen ocupats en les seues faenes dins del convén.

Per lo voltán del casalissi ñabíe un llop y una raboseta que teníen molta gana.

No sabíen com fé per a que los flares ixqueren del convén y podé entrá mentrestán a dins y minjá lo que pugueren arreplegá.

Entonses, a la rabosa, que ere mol lista, se li va ocurrí fé una cosa:

—Cridarém fort alertán als monjos de que ve tronada per a que ixquen a arreplegá la poca palla que los quede y no se baño. -

Aixina u van fé, van escomensá a cridá:

—¡Flares a la erada que ve la gran tronada!.

Així que tots los flares sen van aná al monte a arreplegá la palla, mentres lo llop y la raboseta se van minjá lo que van podé arreplegá dels flares y cuan ya estáen fartets, van escomensá a torná los monjos. Lo llop que los veu, va arrencá a corre en la raboseta pujada a les costelles y mentres marcháen la raboseta cantáe:

—¡All y oli a la mollera, farta vach y a caballera!

# Res, res no y ¡¡ay ay ay!!

*J*os vach a contá un cuento que yo sentía de menut, me lo contáe ma yaya.


Ñabíe un rey mol orgullós y manadó que teníe una filla en añs per a casás.

Un día los seus ministres, preocupats per que lo reino tinguere dessendénsia, li van di:

—Siñó, lo poble demane que la prinsesa se caso. Volen un marit per a nella.

—Bah! Qué sabrá lo poble -  va di lo rey.

—Pero es pressís donáli gust a la gen y es que la prinsesa está en edad de casás.

Al rey, que ere gat vell y teníe molta picardía, se li va ocurrí una artimaña, per a entretindre a la gen.

—Está be, si voleu que la meua filla se caso u consentiré, pero sol en aquella persona que me porto lo que ara tos vach a demaná.

—La ma de la prinsesa sirá per a qui me porto estes tres coses:Res, res no y ay ay ay.

Los ministres enseguida van entendre que lo rey sol volíe enfótressen dels pretendéns, per a después podé di que no casáe a la seua filla per no trobá home capás de contentáls a nell y a la seua filla.

No obstán, los ministres van redactá la nota del requerimén real y la van repartí per tot lo reino.

Mils de homens, al lligí la voluntat del rey, van ixí a buscá lo que demanáe per a podé casás en la prinsesa.

Va anán passán los díes y los mesos y algún añ que atre y per lo castell aon ressidíe lo rey no se va presentá dingú, la proba ere mol difíssil.

Un día, un pobret llauradó se va trobá per casualidat un papé ya mol envellit aon posáe la voluntat del rey per a podés casás en la prinsesa. Este al llichiu va pensá: "u puc intentá, no tinc res que perdre, lo sac que porto está vuit de hortalíssies, no men ha ixit cap y tinc molta gana."

Se va sentá este pobre home a pensá qué

ere alló que demanáe lo rey. "Res, res no y ay, ay, ay". "Res, res no y ay, ay, ay", no fee mes que donáli voltes al cap. De repén sen acate de lo sac que estáe forro y pense: Res ! ya ne teníe una. Mol contén va escomensá a ballá, y tan balláe que va entropessá y va caure damún de unes argilagues y va di: ¡Ay, ay, ay! No su podíe creure.

Este chicot, mol contén, va posá les archilagues dins del sac y sen va aná cap al castell del rey. Pero abáns de aixó va passá per casa seua a agarrá un atre sac, este estáe tot ple de forats, com si les rates hagueren fet la festa.

Al arribá al castell los va di als guardies:

—Ving a parlá en lo rey, porto lo que ell va demaná per a podém casá en la prinsesa.

Los soldats entre rises lo van fe passá cap a dins del casalissi, hasta allí aon estáe lo rey. Només arribá dabán del monarca, li va di:

—Porto lo que vosté va demaná.

Lo rey pensán que passaríe un bon rato va fé vindre als ministres y demés cortessáns per a riure acompañat.

—A vore, qué me portes -li va di lo rey.

—¿Segú que u as trobat? -en la risseta de orella a orella.

—Si siñó, ¿me puc arrimá a vosté per a que u pugue vore milló?

—Sí, vine cap aquí.

Lo llauradoret que portáe los dos sacs, lo forro y lo que teníe les archilagues, va agarrá lo forro y li diu al rey:

—Poso la ma aquí dins. ¿qué ña?

Y lo rey diu:

—¡Res! -

Tots los cortessáns y ministres: ¡ooooo-ohhhhhhh!

Después va agarrá lo atre sac aon estáen les punches y li va di:

—Poso la ma aquí dins, veigue qué trobe.

Y lo rey fot un alarit al punchás, cridán ¡ay, ay, ay!

—Per lo tan - va di lo chicot -si l´atre eres "res" este com té coses a dins es "res no".

Los ministres, al vore que habíe portat lo que lo rey demanáe li van parlá diénli:

—Té que reconeixe que ha portat lo que vosté va demaná, ara no se pot fé cap atrás, lo poble se enfadaríe mol, aixó no u pot amagá perque té a tots los cortessáns dabán, tots u han vist.

Aixina que no li va quedá mes remey que donáli la ma de sa filla an este sagal que de un día a un atre va passá de sé lo mes pobre del reino a sé mol ric, y lo rey se va tindre que jubilá en lo morro preto dixán goberná a sa filla en este bon home.

# Lo rey midas

Este ere un rey que estae sempre amoinat.

Un día se li va presentá un mago y li va preguntá:

—¿Per qué may estás contén, rey Midas?

—¡Vull dinés, moltes perretes!

Lo mago se quede pensatiu un ratet y al momén li conteste:

—Ya sé lo que faré. Te vach a consedí una grássia. Tot lo que tocos a partí de ara se convertirá en or.

Lo rey se va ficá mol contén, de la emosió no li podíen ixí paraules de gratitut per al mago.

Lo rey ya sen enríe a gust.

Pero va arribá la hora de minchá y al tocá los aliméns conforme los agarráe en la ma, estos se convertíen en or. Lo rey estáe sense sabé que fé, teníe molta gana y no podíe minjá.

Desesperat com estae, va arribá la seua filla per a consolál  y al acarissiáli lo pel se va quedá feta una estatua de or masís.

Alló ya ere massa per al rey. Plorán y cridán al mago desesperat se va passá uns cuans díes. Mol or pero res que emportás a la pancha y sense les caríssies de la seua filla.

Sert día, cuan ya estáe mol prim y desconsolat va apareixe lo mago un atra vegada y tiránseli als peus lo rey li va implorá que tornare la cosa com abáns, y lo mago aixina u va fe.

Desde entonses se li van acabá les ambissións de tindre moltes riqueses al rey y va coneixe que lo mes importán ere disfrutá de les coses mes sensilles, con un bon minchá o la compañía de la seua filla la prinsesa.

# Dónam pa y dísme tonto

Se conte que a Calaseit, un poble del Matarraña, un corret de persones se divertíe en lo tonto del poble, un un pobre infelís, de poca inteligenssia, que vivíe fen recadets a cambi de una simple perragorda.

Diariamén, algúns homens quirdaben al tonto al bar a on se ajuntáen y li oferíen triá entre dos monedes: la una de mida gran de 400 reals y l´atra mes minuda, de 2000 reals. Ell sempre triabe la mes gran y de menos valor, lo que Féie ríure a tots. Un día, algú que aguaitáe al grupet divertínse en lo inossen home, lo va cridá apart y li va preguntá si encara no s'en habíe acatat de que la moneda mes gran valíe menos, y lo tontet li va contestá: U sé, no soc tan tonto com tos penseu, la móneda gran val sinc vegades menos, pero lo día que tría la menuda, lo joc se me acabará y no me'n emportaré mes monedes, aixína que preferixgo seguín sen lo tonto del poble, mentres vaiga guañán alguna perreta.

# A un raconet de Aragó

*A* un raconet del reino de Aragó, ñabíe una aldea mol menudeta.

Tots los veíns que allí vivíen, volíen que los donaren lo títul de poble, per que de esta manera, podríen tindre un viqueri propi que puguere atendre les nessesitats religioses dels veíns.

Per a podé conseguí lo que volíen, nessesitaben un veí mes. Ne eren 99 y ne teníen que se 100.

Un pastó de gorrinos que vivíe a esta aldea se li va ocurrí una idea, per a conseguí que los donaren lo títul, encara que ñaguere una persona de menos.

Este pastoret va encomaná als seus veíns que solissitaren que vingueren a la aldea los albacees reals, per a que donaren fe de que i estaen tots los veíns nessesaris.

Aixina u van fe.

Lo día que los representáns reals van arribá al poble, los van ressibí fen una gran alifara. Mentres estáen fen la ressepssió, lo pastó va agarrá un gorrino de la soll y lo va pujá al campanari. A este gorrino en concret lo va tindre sense minjá durán tres díes y estae lo animal mol famolenc. Una vegada a dal de tot del campanari, va lligá una de les potes del animal al badall de la campana. A l'atra punta del campanari, va posá un plat en minjá a una distanssia que lo animal no i arribare may. Cada vegada que lo gorrino se arrimabe a la bassia, com no atansae lo minjá, estirae de la corda fort y fee soná la campana. Estae lo gorrino tot loco volén arribá al minjá y no fee mes que fe repicá la campana.

Cuan va arribá lo momén de contá a la gen per part dels responsables reals, van demaná que se posaren tots en fila per a podels contá milló. Entre los veíns tamé estáe lo pastó que habíe dijat al pobre gorrino intentán arribá al minjá. Mentres tan, la campana venga tocá y tocá.

Cuan van acabá de contá a tots los que estáen allí preséns, los albacees van di que no mes estáen 99. En este mateix momén lo pastó va ixí de la fila y los va di, que lo que faltae estáe tocán la campana en agraimen a la seua visita y que no pararíe hasta que marcharen.

Los albacees se van sentí mol agraits de que tocaren les campanes per ells y van contá al desconegut que estáe repicán al campanari, com un veí mes, conseguín lo total de les 100 persones que los fee falta.

Y está es la história real, de com un gorrino mort de fam, va conseguí que a una aldea li donaren lo títul de poble.

# Charrades

Dillúns fabes a muns.
Dimats fabes a grapats.
Dimecres fabes seques.
Dijous fabes en ous.
Divendres fabes tendres.
Dissapte fabes en recapte.
Domenge fabes en feche.


Lo dillúns perque fem festa.
Lo dimats pa descansá.
Lo dimecres anem a missa.
Lo dijous a festejá.
Lo divendres passém cuentes.
Lo dissapte a cobrá.
Domenge per sé domenge, no mos dixen
  treballá.

$\mathcal{N}$o per mol matiná
están los churros mes calentets.

# Cansonetes

Anem a Chaucha.
¡Anem, anem, anem!
Que lo riu de Chaucha.
no es com lo de aquí.
¡Que lo riu de Chaucha
porte oli, pa y vi!


La lluna, la pruna,
lo sol mariné,
mon pare me pegue,
ma mare tamé.


Topetes en oli y
un polset de sal,
mingéune chiquetes,
que no tos farán mal.

Galín, galón,
¿Quí s´ha mort?,
San Juanet del port.
¿Aón lo enterrarém?
Davall de la campana grossa.
¿Y si no entre?
Li tallarém la pota y lo ventre.
¿Y si no ix?,
li tallarém lo que ix.


Aquí te afegixco una dita de Beseit:

Un día que va nevá una mica a Beseit se troben un del poble y un castellá al camí del Pantano de Pena, cuan lo masové del Mas de Estupiñá baixabe. Li pregunte lo castellá al roquerol:

—¿Ha nevado mucho por allá arriba?

—Del pantano p´arriba colló, y del pantano p´abajo medio colló.


Baixéu les coquetes,
baixéu lo vi blanc,
baixéu a (NOM)
sentada en un banc.

Sargantana, mala gana,
trau los lleus de la campana,
que ton pare está a la llonja,
y te comprará unes sabates
del coló de la taronja,
si ixes, serán pa tú,
y sinó serán pa mí.


Baixéu les casquets,
baixéu lo vi blanc,
baixéu les casquetes,
sino mon Anam.

Demá es domenche,
lo moc te penche.
Vindrá lo capellá en la creu a la má
y te pegará a tú y a ton germá.


Demá es domenche,
lo moc te penche.
Matarém un bou,
lo feche per al meche
y la carn per al mussol.


Demá es domenche
lo moc te penche.
Trobarás al capellá
y te donará figues y pá.


Al siñó veterinari
tots li diuen menescal,
lo cas es que li sap mal,
pos li pareix ordinari.

Demá es domenche,
lo cul te penche.
Vindrá un escolá
en la creu a la má
y se pegará un pet
com de avuy a demá.


—Me sé una cansó,de fil y cotó.
—¿Quí te la ha enseñat?
—Lo siñó retó.
—Lo siñó retó es un home mol gros,
que va per les teulades rossegán un os
y la seua dona es mol delicada,
que minje abadejo y cosa salada.


—Me sé una cansó
de fil y cotó.
—¿Quí te l´ha enseñat?
—Lo siñó retó.
—Campanes de fusta badall de segó.

Tan, tarán, tan, que les figues están vardes,
Tan, tarán, tan, ¿cuán madurarán?
Si no maduren lo día de Pascua
madurarán lo día de San Juán.
¿Cuán anirem a la roca fumada?
¿Cuán anirem a minjá cansalada?
¿Cuán anirem a la roca del corv?
¿Cuán anirem a minchá conill mort?


¿Pastoret de aón vens?,
de la montaña, de la montaña,
¿pastoret de aón vens?,
de la montaña, de vore lo tems.
¿Quín tems fa?
Plou y neve, plou y neve.
¿Quín tems fará?
Plou y neve y nevará.


Boticari canari,
potes de aram,
que a la seua dona
mate de fam.

De pic, en pic, lo tortolet,
la garreta del pastoret,
toquen y toquen, lo tamboret.
La gallineta grassa,
corre per la rasa,
lo bou estrellat
corre y corre pel tellat,
¡llat, llat, llat, merdeta de gat!


La Fresneda a una costa,
Valchunquera a un pla.
La Portellada en dos masos,
Y La Torre allá d´allá.


Lo sabaté menut anáe a fé sabates,
en un repuntapéu va caure de sarpes.
Cuidau, cuidau, cuidau, aixó no pot aná,
Si no se acabe avui, se acabará demá.

Digodín digodán
la masseta pegue al banc.
De puñeta o de planet.
¿¿Estisora o gabiñet??

¡¡¡Estisora!!!
(Tamé se podíe di gabiñet.
Si se assertáe se tornáe a preguntá
y si no se assertabe se continuabe).

Y continuabe...

Les penes que vas a passá
per no sabéu contestá.


Tronc de Nadal,
que cague casquetes
y pixe vi blanc!


Cuan vach a abeurá les mules
al pou de la Vall
acudixen les mosses
lluín los devantals.

San José se fa vellet
y no pot pujá la escala,
matarém un corderet
per a tota la semana,
y vindrán los pastorets
a sopá de bona gana,
los ficarém a dormí
a la pallisseta blana.
Un toque lo violí lo atre toque la viola
¡¡¡Ay quina musiqueta mes bona!!!


Les chiques de Valderrobres
mingen abadeijo en suc
y davall de les faldetes
tenen un muixó pelut.


Les sagales de Beseit
se apareixen a una col,
les lleves les cuatre fulles
y quede lo troncho sol.

Les chiques de Valderrobres
són moltes y bachilleres,
sempre que passe un chic guapo
s´assomen per les boteres.


Pataques, pataques, pésols y sigróns.
qué bones, qué bones, qué bones que són,
viva la comare, viva lo balladó,
viva la trompeta del siñó retó,
que minche carbassa y cague meló.


La lluna, la pruna,
vestida de dol,
son pare li pegue,
sa mare no vol.


¡Conillets a amagá!
que la llebre va a cassá,
de nit y de día que lo sol ya se poníe,
amaguéutos ben be, que la llebreta ya ve.
Estéu tots ben amagadets?

(Cuan contestaen "si" escomensaen
a busca a los que estaen amagats)

Santantoni, Santantoni,
día desat de giné,
a la meua faldriquera
no ha entrat cap de diné.


Santa Mónica gloriosa,
Mare de San Agustí,
la animeta me encomane
que men vaiga a dormí.
Si me adórmigo despertéume.
Si me mórigo perdonéume.
Y sinó, guiéume pel bon camí.


Santa Mónica gloriosa,
Mare de San Agustí,
la animeta te encomano
que yo men vach a dormí.
Si me adórmigo despértam
y sinó roga per mi.
Nostre Siñó per pare,
la Mare de Deu per mare
y los angelets per padríns,
la meua animeta que tingue bon fin.

Bona nit y bon profit
Y totes les pulses al teu melic,
La mes menuda com un cabrit,
y la mes gran com un elefán
Bona nit, totes les pulses al teu llit,
la mes menuda com un cabrit
y la mes grossa al teu melic.


Les chiques del carré del clot
ne son poques y valen poc,
que pa rostí una sardina
la arrastren per tot lo foc.


Piz pissigaña, oli de llagaña,
que me diu la perdiu,
camisa de seda, camisa bordada,
mes val la soltera que la casada.
Les chiquetes del castell
toquen y toquen lo cascabell.


Pis pissigaña, oli de llagaña
pis pissigó, oli de Aragó,
amaga este sobispó.

Diablet cornut
cagat al almut


Plou y fa sol,
les bruixes se pentinen.
Plou y fa sol,
les bruixes porten dol.


¿Miguelet Miguelet aón tens la dona?
la ting al llit que no está bona.
¿Que li donarém per a medessina?...
Un parell de ous, un parell de ous y una
sardina.


Serru merru de catí, cansalada al topí
a... (se diu lo nom del menut) mel minjaré
(se li fan pessiguañes) per aquí, per aquí!

*U*na se ficae al cap una mantellina y anae daban, les atres detràs y diem: ¿¿Agüeleta aon vas??

A missa (contestabe)... ¿¿mos dixes vindre?? ¡no! que tos petareu;

¡no! no nos petarem!! (dien los que anaben detràs) ¡hala! pos seguiume detràs!!

*S*an Juán se fa vellet
y no pot pujá la escala,
matarém un corderet
per a tota la semana.
Les parets eren de sucre,
les portes de codoñat,
cada mosca que passabe
sen enduie la mitat.
Passe una, passen deu,
passe la Mare de Deu
damún de un caballet blanc
que relluix mes que´l camp,
 camp majó, San Salvadó,
tres gallinetes y un cantadó.

¡Quiquiriquí!
¡Qué mal lo pic!
Qui te la fet?
Lo pollastret.
¿A on está el pollastret?
A davall de la lleña s´ha amagat.
¿A on está la lleña?
Lo foc la cremat.
¿A on está el foc?
La aigua la apagat.
¿A on está la aigua?
Lo bovet se la begut.
¿A on está lo bovet?
A llaurá sen ha anat.
¿A on está lo que ha llaurat?
Una gallineta lo ha escarbat.
¿A on está la gallineta?
A pondré ha anat.
¿A on está lo ou que ha pongut?
Un flare se lo ha begut.
¿A on está lo flare?
A di missa ha anat
¿A on está la missa que ha dit?
¡Al sel se la ha pujat!

San Juán se fa vellet
y no pot pujá la escala,
matarém un corderet
per a tota la semana.
Les parets eren de sucre,
les portes de encodoñat,
cada mosca que passabe
sen enduie la mitat.
Passe una, passen deu,
passe la Mare de Deu
damún de un caballet blanc
que relluix mes que´l camp,
 camp majó, San Salvadó,
tres gallinetes y un cantadó.


Santa Mónica bendita
Mare de san Agustí
La animeta te encomano
Que yo me vach a dormí
Si me adórmigo despertéume
Si me mórigo perdonéume
A Nostre Siñó dixo per pare
A la Mare de Deu per mare
A San José per padrí
Y a tots los ángels del sel
Si volen resa per mí

*L*a capelleta de San Roc,
lo qui no acudirá la peste l'agarrará.
(Se cantáe esta cansoneta donán voltes al
poble y tocán les campanetes, per a que
anigueren a resá).



*L*a capelleta de Carmen
lo qui no acudirá
al purgatori anirá



*A* Beseit tamé se voltáe la campaneta pel
poble antes de cada rosari y a cada barri se
cantáe diferén.

¡¡La campaneta de san Roc lo qui no vingue
no tindrá lloc!!

¡¡La campaneta del Pilá lo qui no vingue no
tindrá pá!!

¡¡La campaneta de Santa Ana lo qui no vin-
gue no tindrá gana!!

¡¡La campaneta de San Gregori lo qui no
vingue no tindrá oli!!

¡¡La campaneta de Villanova lo qui no vin-
gue no tindrá camisa nova!!

San José se fa vellet
y no pot puchá la escala,
matarém un corderet,
per a tota la semana,
y vindrán los pastorets,
y senarán de bona gana,
y sen anirán a dormí,
a la pallisseta blana.
Les parets del portal eren de sucre,
les portes de tarró,
y cada mosca que passáe
se endue un gran tros.


San Antoni y lo dimoni
jugáen al trenta y un,
lo diable va traure trenta,
San Antoni, trenta y un.


San Antoni, San Antoni,
una cosa te vull di,
los pobres planten la viña
los rics se beuen lo vi.

San Antoni, San Antoni,
sol me queden dos pessetes,
y no tu voldría di,
una pa tú,
y l´atra pal burro y pa mí.


San Antoni, San Antoni,
tú que estás tan per amún,
farém una foguereta
y te enviarém lo fum.


San Antoni, San Antoni,
San Antoni del Canet,
que mos guardo lo gorrinet,
y quan lo matém ni donarem un trosset.


San Antoni, San Antoni,
tots parlen de San Antoni,
yo parlo del gorrinet
que diuen que no té coa,
perque se li ha gelat de fret.

La capelleta de San Antoni
lo qui no acudirá no tindrá oli.


Nabíe una banda de música de
Valderrobres que eren jovenets y los de
Massalió sen enríen de ells y los dien la
banda del biberón perque los veen un poc
críos y los de la banda los van traure estes
charrades):

Sense ánim de ofendre...
"Los pelats de Massalió
son una mala canalla,
que van a robá les figues
al pon del Matarraña".

Massalió no may tindrá
carretera ni estassió
ni campanes a la Torre
ni música del Biberón.


Paco tabaco, fulla de papé,
Toca la gaita que yo ballaré.

Lo qui vullgue sabé de que coló es la
pena,
que se llevo la camisa y se arrimo a una
colmena.


Entre la mare y la filla me volen engañá,
y yo tinc mes picardíes que les fulles de un
cañá.


Aquí ne ñan dos
que al cap un te tea
y lo atre carbó,
per aixó un es de la Vall
y lo atre de Masaleó


Una chica a la cuina
se li creme lo devantal,
si no acudisen los bomberos
se li creme hasta lo cuartel gineral.


Encara que sigues bona mosa
no presumisques tan,
que tamé les bones moses,
se solen quedá en blanc.

La tía María del carreró
Minge carbasa y cague meló.


Mare, tinc fam,
fil meu… si tens fam,
pégat un mos al cul
y minjarás carn.


Un carro va caure a un pou,
y un siego lo miráe, tran tran,
y un siego lo miráe, tran tran.
Un mut cridáe a la gen,
y un sort lo escoltáe tran tran,
y un sort lo escoltáe tran tran.


¿Marieta aón estás?
a la plasa del costat...
¿Marieta aón estás?...
damún del tellat...
¿Marieta aón estás?
puchán per les escaleres...
¿Marieta aón estás?
aubrin la porta...
¿Marieta aón estás?

daball del llit...
¿Marieta aón estás?
al teu costat...etc
Se acabe cuan Marieta te díu !!ya te tinc!!


(Per a saltá a la corda):

Si la barqueta se tombe nena no tingues pó,
tira la corda al aire y agarrat al timó.
Dilluns, dimach, dimecres, dijous,
divendres, disapte y domenge.

# Les històries de Ramón

# Meche y menescal
# de Valderrobres

A la vila medieval de Valderrobres, a prinsipis del siglo XX, vivíen a la mateixa casa del arrabal, a dos pisos diferéns, dos germáns, un meche, al que li díen "Lodotó" y lo atre ere veterinari, y la gen lo nombráen com Menescal.

Los dos eren mol volguts al poble natal de Elvira Juana Rodríguez Roglán (la cantán) ya que la vida de los animals en époques de roba justa, ere tan apressiada com la de les persones. Sense uns, ben just podíen alimentás los atres. Casi totes les cases teníen bestiá y animals per a minjá, produí lleit y derivats, collada, flans, formache, carn y pells. Inclús alguns de estos animals y datres salvaches se quedaben com a mote o insignia de una familia: matabous, matallops, lo conill, capaburres, etc. Se criaben gorrinos, gorrines, conills, conilles,

cabres, cabrits, cabróns o chotos, ovelles ulla-
des y palomes, cordés, borregos o mardáns, pi-
chóns, coloms o palomes, gallines, galls, po-
llastres o polls (ñabíe un ball en este nom),
polles, pites, lloques, patos, pates, gansos,
ganses, oques, codornius o gualles, vaques,
terneres, terneros, bous, de los que se aparta-
ben los millós com a sementals, com los famo-
sos ejemplás de la fábrica de les faixes, que se
alquilaben per a montá vaques als pobles de la
roglada, per ejemple, a la lechería de Tomás
del Rufo de Beseit, aón les vaques sempre tení-
en los ulls plorosos perque les tocaben tots los
díes les mamelles, pero sol portaben al mascle
una vegada al añ. Lo mateix passabe a la va-
quería de Raboseta, a la vora del cup de la sé-
quia majó, l'olla, al escomensamén del passeo
de los cañerets. Un tros mes abán, uns añs
después se faríe la festa del ábre, se van plantá
diferéns tipos de ábres, potsé algún pi tamé.
Ña una fonteta an eixa replasseta.

Un día, al mas de Cresol, una vaca que te-
níen se va escapá del ras espentán un poste de
fusta corcat y querat y va eixí a una finqueta
del veí, plena de romigueres y herbes delissio-
ses y aromátiques, romé, timó, pipirigallo,

trencanugos, pero tamé ñabíe cañota, que es una herba espessialmen perillosa per als bovinos, moltes vegades se moríe la res y dixabe a una familia sense rés.Aquell mateix día, al carré Parras, a una casa mol estreta a mitat de la costa, se va ficá dolenta una agüela de 91 añs, la tía María Sarmén de casa Reventatruites, que habíe traballat tota la seua vida com una mula, al monte, al martinet, a les mines de Beseit, tan a la María Dolores com a la Maruja. Habíe sigut modelo de faixes y corsés a la fábrica de Valderrobres, pero los añs la habíen dixat arrugadeta y pansideta com una pruna pansa de cap d´añ. An aquell tems encara no se minjabe raím, y mol menos sense pepites, sino panses de moscatell secades al estilo romano, passa en latín, damún de cañíssos a la esgorfa, daball del tellat. An aquella casa tan estreta sol cabíe un cañís al perchi; com proveníen de La Portellada li dieben aixina a la algorfa, y los de Valderrobres los quirdaben extrangés, ya que es lo mote de los del portell.

Lo nom de Reventatruites los veníe perque la caseta del Portell, al carré Curt, ere tan minudeta que a la cuina no teníen puesto ni per a voltá la truita, aixina que aviáben per la enchumenera amún la truita y esperaben en la paella al balcó. Alguna vegada erraben y la truita se empastrabe al carré Curt, y de ahí los va vindre lo nom. La mayoría de vegades ensertaben a enchampála y quedabe un regustet a fullí, pero en bona gana tot es bo, y si algo teníen entonses, ere fam. La escala interió de la casa ere tan estreta y empinada que no la podíen traure en camilla entre dos homes, y tampoc van pugué assentála a una cadira de vime o sarguera de casa lo sistellé y baixála, perque los escalóns eren massa perillosos, aixina que la van tindre que baixá per fora desde una finestrota en una curdiola y una maroma y colocada a un llansol com lo día que la sigüeña la va portá 91 añs atrás a la casa del mas de dal de La Portellada. A baix al carré estabe un dels fills, mosso vell de 55 añs, fort y hermós, calvo com una bola de billar o un bolo de riu, y a dal una filla casada en lo hereu del mas del Cresol, espentán la corda per a que la mare puguere baixá sense pegás al cap o a les fluixetes cames a la paret de pedra rebossada de blavet y cals. Lo home de esta agüeleta fée uns mesos que sen habíe anat als atres (habíe mort) de una enfermedat mol común an aquella época y encara avui en día, "lo mal de Repén".

A baix a la replasseta esperabe lo forense, que no ere meche ni res, pero teníe un Ford Model A y li díen aixina; ell portaríe a la agüela a casa del meche. Allacuanta no ñabíe ambulatori ni sentro de salut, ni ambulánssies; lo meche visitabe per les cases en lo seu maletín de cuero artifissial que putíe a pentaclorofenolato, pero la semana de abáns li habíe futut un ataque de gota y no podíe sorollás, aixina que li portaben als passiéns a casa, y may se habíe vist una passién en tanta passiénsia com la tía Reventatruites. Cuan van arribá a la casa, la van pujá a cascarrulles hasta lo pis de "Lodotó", que ere lo segón pis, y lo meche la va está auscultán, preguntán, escoltán y reconeixén durán un cuart de hora. La va vore tan delicada y casi picán la fulla de la dalla en martell y encrusa que sol se va atreví a resseptáli un reconstituyén consentrat a una sola ampolla per a allargá uns díes mes lo inevitable. Los va di als fills que la teníen que sacsá antes de péndressela, y que eixa medissina li donaríe ganeta. Si empijorabe, que vinguere algú a avisá, pero que no la portáren, perque al seu estat, torná a baixála per la paret de fora podríe tindre un funesto resultat. Van portá a la agüeleta hasta lo carré Parras en lo Ford Model A, van aparcá a la vora de los actuals apartaméns Santa Águeda, y desde allí en una carretilla de fusta costa amún hasta lo brancal de casa. Allí la van colocá en cuidadet al llansol y lo fill desde baix va estirá de la corda de la curdiola hasta la altura de la finestreta. La filla y lo forense van conseguí féla entrá a la habitassioneta y la van gitá al seu llitet, al que no se podíe ni tombá a un costat. No se sap cóm dormíen cuan vivíen los dos agüelets.

Per sort, habíen sentit que al Mas de Barberáns, a una agüela a la que li habíen resseptat una ampolla de sacsá antes de péndressela, li habíen futut un meneo an ella en tanta energía que sels va quedá en brassos, aixina que en este cas van sacsá la ampolla y no a la agüela; van trencá lo cap de la botelleta, y li van doná la medissina, mes amarga que un gintonic de bitter lemon en fel, y mes áspra que una seba verda.

A la finqueta tocán al Mas de Cresol, la pobre vaca que se habíe futut una fartanera de cañota y habíe begut aigua de un manantial paregut a la Fon Mala de Beseit, estabe tombada an terra, unflada y traén espuma per la boca. Un pastó de casa Beret, de nom Pepe, portabe eixe día les ovelles a pasturá an aquella finca en lo seu fiel gosset Komtú, y desde lluñ va vore un gran bulto que no va pugué reconéixe hasta que va aná abansán lo bestiá, que anabe desplay esperán a una ovella que habíe criat fee uns minuts. Lo gos, Komtú, se va minjá la plassenta, va rotá, Pepe li va di "está mal pero descanse lo animal", y van tirá abán en direcssió al bultot extrañ, que ya anabe agarrán la forma de un bóvido.En cuan va vore a la pobre vaca en un cólic de campeonato, viva encara, se va encandilá, se va ficá les dos máns al cap, va tirá la gayata an terra y va eixí corrén cap al mas tocánli los talóns al cul, intentán avisá a los masovés del grave acsidén de la vaca. Komtú se va quedá vigilán lo ramat, y en un guau va avisá a les ovelles blanques que pararen cuenta en la cañota, bueno, a les negres tamé, ya que Komtú no ere rassista.

Avisats los amos del mas, Pepe va torná a la finca y ells van eixí a escape cap a la casa del veterinari, a peu, resán per a trobál allí y que no estiguere a un atra masada o per algún corral. Lo van trobá y, después de donáli a entendre lo cas, rápidamen se van ficá en camí, tot lo rápit que se pot aná en abarques de goma als peus per camíns pedregosos y a vegades costa amún. Si arribe a passá al Mas dels Aubellóns, no hagueren arribat hasta la nit. Cuan van arribá aon estebe la vaca lechera, que no ere una vaca consevol, donabe lleit merengada y ere una vaca mol salada, va vindre del mas de Tolón, mol sonrienta y de coló lila, encara vivíe, pero Menescal los va di que siríe difíssil salvála.

Estabe unflada com un bot, fluixeta, entressuáda. Lo veterinari li va inmovilisá les barres, la dentadura, va embutí un tubet de goma per lo essófago, va abocá oli de oliva virgen extra de arbequina prensat en fret en un embut de eixos que se ficaben los llocos al cap, y va escoltá en cuidadet a vore si eixíe aire del interió de algún dels cuatre subestómecs de la vaca. Va ixí una miqueta de aire pudén, que recordabe la auló de ous podrits o a les bombetes de pólvora que portaben los exiliats a Valénsia al mars cuan volén escapás de les mascletades y les falles de San José, modelo de pare y home, patrono de los fustés, ingenieros y traballadós en general, no confundí en lo patrono dels pirómanos, San José de Arrimatea.

Lo veterinari va sorollá lo cap horissontalmen de un costat al atre (signifique negassió menos a Bulgaria, aon signifique afirmassió), va fé un sorollet esclafín la llengua contra les dens y va di unes paraules: "no la salvarém".

Va rentá les ferramentes y les va arrepetá en cuidado al maletín, li va doná la ma viscosa al amo de la vaca com si de un te acompaño en lo sentimén o péssame se tratare, y li va di que no li cobraríe res, ya que prou pérdua ere despedí a Cordera, pos aixina se díe la vaca.

Los va intentá reconfortá diénlos que a vegades la providénsia obre milagres, y que si veíen alguna siñal de milloría anigueren a casa a avisál, pero que se prepararen per a lo pijó. Los va doná la esquena y va empéndre lo camí de casa.

A casa de la agüela estabe amanín la sena la filla, estaben tamé lo seu home, del mas de Cresol, y lo fill de 55 añs. Borraines en pataca de primé, en un rach de oli de torre Gachero, abadejo dessalat que portabe un de Valderrobres de la seua tenda o botiga de Barselona cuan anabe al poble y, per a beure, grassiosa "copet", Arrufat, rebaixada en vi Portal de Bergós, que se fee mol prop de casa, y per a la agüela una truita a la fransesa en una den de all y un corrusquet de pa.La medissina li habíe fet agarrá ganeta, y justet al primé mos de pa per a acompañá la omelette o truiteta, va y li salte una den de les pales, a lo que la agüeleta se va di "pronte escomensám, consevol día los pedré tots", y después de unos mossets mes, se li va afluixá un quixal, se ni en va aná garganchó aball, y se va embossiná.

Va pugué quirdá una mica y aixina va avisá als fills y al gendre que senaben al minjadó, a una taula redona tan minudeta que Arturo (lo rey) se haguere pixat de rissa en sol vórela. Van acudí enseguida a ajudála, y mentres la filla li manabe al seu home que aniguere a casa Lodotó volán, lo fill intentabe desatascála y reanimála, foténli tans cops a la esquena que casi la cruix.Va arribá lo hereu del mas de Cresol y va cridá al timbre del veterinari en ves de tocá lo del meche. Se va assomá Menescal al balcó embolicat en una bata, y com ya ere tan de nit com a la boca del llop dels Ports, no lo va reconéixe, y preguntán "¿qué pase?" y contestán ell "ara mo se ha embossinat", com teníe la mateixa veu que son pare, l´amo de la vaca del mas de Cresol, y los dos germáns meche y veterinari tamé parlaben casi igual, se va armá lo embolic. Va di lo Menescal: - "¿Encara ha minjat mes? No mu puc creure. Ya no ña res a fé, passéuli lo gaviñet y al menos aprofitéu la carn. - Y en estes paraules sen va aná cap al carré de les parres, y sitán lo dit per lo veterinari, pensán que ere lo dotó los u va contá a la seua dona, y ella del susto casi pert lo fill que esperaben per a Nadal, y lo fill mosso vell encara seguíe pegánli a sa mare a la esquena en lo palmell de la ma uberta.

Y después de este cas, a Valdarrores y a tota la comarca del Matarraña, cuan dos germáns eren meches o menescals, no van viure mai mes a la mateixa casa.

# Lo heliotropo de Beseit

$\mathcal{A}$ la vila de Beseit, que sempre ha sigut abundán en maneres y gens extraordináries, va ñabé, no fa mol tems, un pintó de nom Calandrio, home simplón y de costums rares, que la mayoría del tems en dos atres pintós tratabe, Bruno y Bufalmacho, hómens mol de la broma pero per un atra part ben espabilats, que trataben en Calandrio perque de les seues maneres y de la seua simplesa assobín gran festa féen. Ñabíe tamé a Valdarrores entonses un jove de maravillosa grássia y en totes les coses que fée hábil y afortunat, Maso, qui, sentín algunes coses sobre la simplesa de Calandrio, se va proposá divertís, fénli alguna burla o fénli creure alguna cosa extraordinária; y trobánlo un día a la iglesia de San Bartolomé y veénlo atento retocán les pintures y lo altá de la iglesia, ficat no fee mol tems, va pensá que habíe arribat lo puesto y lo tems per a la seua intenssió. Mentres anáe informán a un compañ seu de alló que caviláe fé, juns se van arrimá aon Calandrio estabe assentat sol y, fen vore que no lo véen, van escomensá a enraoná sobre les virtuts de algunes pedres, de les que Maso parlabe en tanta autoridat com si haguere sigut un famós y gran marmoliste; an estos raonaméns va pará la orella Calandrio y después de un rato, ficánse de peu, veén que no ere cap secreto, se va ajuntá en ells, lo que mol va agradá a Maso. Éste, seguín en les seues paraules, va sé preguntat per Calandrio que aón se trobaen estes pedres tan plenes de virtut. Maso va contestá que la majoría se trobaen a "Berlinzonia", terra de los vascos, a una comarca que se díe Bengodi a la que les viñes se lliguen en llenguañises y se compre una oca per un diné y un pato de regalo, y ñabíe allí una montaña tota de formache parmessano rallat a la punta de la que ñabíe gen que no fée datra cosa que aná fen macarróns y raviolis y cóurels en caldo de capóns, y después los aventáben costa aball, y qui mes ne agarrabe mes ne teníe; y allí a la voreta corríe un riuet de garnacha del milló que pot béures, sense una gota de aigua mesclada.

—¡Oh! - va di Calandrio- , éisse es un bon país; pero dísme, ¿qué fan de los capóns que cóuen? Maso li conteste:

—Tots sels fóten los vascos.

Va di entonses Calandrio:

—¿Has anat allí alguna vegada?

Maso va contestá:

—¿Dius que si hi hay estat? ¡Sí, igual hi hay estat una vegada com mil!

Va preguntá entonses Calandrio:

—¿Y cuáns kilómetros cuadrats té?

—Ne té mes de un milló, pam dal pam baix.

Va di Calandrio:

—Pos té que sé mes allá de los Ports.

—Ah, sí - va di Maso- , una mica mes allá.

Lo simple de Calandrio, veén a Maso di estes paraules en cara seria y sense enfótressen, su creíe com la verdat mes manifesta; y va di:

—Massa lluñ está dels meus assuntos; pero si mes prop estiguere, sí que hi aniría una vegada en tú per a vore rodá éixos macarróns y fartám. Pero dísme; ¿An esta comarca nostra del Matarraña no sen trobe cap de estes pedres maravilloses? A lo que Maso va contestá:

—Sí, dos classes de pedres se troben de grandíssima virtut. La una són los barróculs de Monserrate de Fórnols, de los que se fan moles per a la farina, y per naixó se diu als països de mes allá, que de Déu venen les grássies y de Fórnols les pedres de molí; ñan de estes pedres de moldre tantes, que entre natros són poc apressiades, com a Cataluña les esmeraldes, de les que ña allí una montaña mes gran que Monte Caro que relluíxen a mijanit. Qui pulixque les moles de Ulldecona y les faigue engastá en anells abáns de fé los forats, y les porto al molt honorable president, tindrá tot lo que vullgue.

L'atra es una pedra que natros los marmolistes diém heliotropo, pedra de molta mes gran virtut, perque qui la porte damún no pot sé vist per cap persona.

Entonses Calandrio va di:

—Grans virtuts són éstes; ¿pero eissa segona aón se trobe?

A lo que Maso va contestá que als Comellassos o Les Escales se podíen trobá.

Va di Calandrio:

—¿De quina mida es eissa pedra y de quin coló?

Va contestá Maso:

—Es de unes cuantes mides, alguna es mes gran, alguna mes minuda; pero totes són de coló casi negre. Calandrio, habén totes estes coses advertit per an ell, fingín tindre un atra cosa que fé, se va separá de Maso, y se va proposá buscá eixa pedra; va pensá féu sense que u sapigueren Bruno y Bufalmacho, als que en espessial volíe. Se va ficá, pos, en marcha a buscála, y sense esperá y abáns de que cap atre puguere trobála, tot lo que quedabe del matí va empleá buscán a Bruno y Bufalmacho. Al final, sén ya passat michdía, enrecordánse de que traballaben a una fábrica que se va cremá uns añs después, encara que la caló fore grandíssima, dixán tota ocupassió, casi corrén sen va aná aon ells estaben, y cridánlos los va di:

—Compañs, si voléu créurem podém convertímos en los homes mes rics de Beseit, perque li hay sentit a un home digne de fe que als Comellassos ña una pedra que qui la porte damún no pot sé vist per dingú; per lo que me pareix que sense tardá, antes de que un atra persona hi vaigue, hauríem de aná a buscála. Es sert que la trobarém, perque la coneixco; y cuan la haiguém trobat, ¿qué tindrém que fé mes que ficála al morral y aná a les taules de los cambistes a Valdarrores, que sabéu que están sempre carregades de monedes de plata y de dinés, y agarrán les que vullgám? Dingú mos vorá: y aixina podrém fémos rics enseguida sense tindre tot lo san día que embadurná los muros del modo que u fa lo caragol.

Bruno y Bufalmacho, al sentíl, van escomensá a enríuressen per dins; y miránse la un al atre van ficá cara de maravillás mol y van alabá la idea de Calandrio; pero va preguntá Bufalmacho quin nom teníe eixa pedra. A Calandrio, que ere de mollera dura, ya se ni habíe anat lo nom del cap; per lo que va contestá:

—¿Qué mos importe lo nom, ya que sabém la virtut? Anémon a buscála sense esperá mes.

—Pero be - va di Bruno- , ¿cóm es?

Calandrio va di:

—Ne ñan de diferentes formes, pero totes són casi negres; per lo que me pareix que ham de agarrá totes aquelles que veigam negres, hasta que arribém an ella; aixina que no pergám tems, aném. A lo que Bruno va di:

—Pero espera.

Y li va di a Bufalmacho:

—A mí me pareix que Calandrio diu be; pero no me pareix que sigue hora de féu perque lo sol está alt y pegue dins del Comellassos y ha secat totes les pedres; per lo que algunes de elles pareixen ara blanques, algunes que ñan allí, y per lo matí, abáns de que lo sol les haygue secat, paréixen negres; y además de aixó, molta gen navegue avui, que es día de faená, prop dels Comellassos, als Freginals y al camí de Les Escales, que, al vóremos, podríen adiviná lo que estém fen y potsé féu ells tamé; y podríe vindre a les seues máns y natros hauríem perdut lo san per la limosna. A mí me pareix, si tos pareix a vatros, que éste es assunto de fé pel matí prontet, que se diferénsien milló les negres de les blanques, y en día de festa, perque no ñaurá allí dingú que mos véigue.

Bufalmacho va alabá la opinió de Bruno, y Calandrio va está de acuerdo en ells, y van dessidí que lo domenge siguién pel matí aniríen los tres juns a buscá aquella pedra; pero sobre totes les coses los va rogá Calandrio que en dingú al món parláren de alló, perque an ell lay habíen dit en secreto. Y dién aixó, los va contá lo que habíe sentit de la comarca de Bengodi, en juraméns afirmán que ere aixina. Cuan Calandrio se va separá de ells, lo que sobre este assunto faríen u van arreglá entre ells. Calandrio va esperá sense tartí lo domenge per lo matí; se va eixecá al moure lo día y, cridán als seus compañs, eixín per les eres y la nevera y puján als Comellassos, van escomensá a caminá barrang cap aball, buscán pedres. Calandrio estabe ñirviós y afanós, caminabe dabán y rápidamen saltae ara aquí ara allá, aon alguna pedra negra veíe se aviábe y la plegabe. Los seus compañs caminaen detrás, y alguna ne plegaen; pero Calandrio no habíe caminat mol camí cuan ya teníe la falda plena; per lo que, eixecánse les faldes del sayo, que no seguíe la moda de Hainaut, y fen en elles una ampla halda, habénu aguantat be en la correcha per tot arreu, no mol después la va omplí y, después de un ratet, fen halda de la capa, la va carregá tamé de códuls. Veén Bufalmacho y Bruno que Calandrio anabe carregat y la hora de minjá se arrimabe, segóns lo parlat entre ells, li va preguntá Bruno a Bufalmacho:

—¿Aón está Calandrio?

Bufalmacho, que lo veíe allí a la vora de ells, aná girán y voltán, y mirán aquí y allá, va contestá:

—No u sé, pero hasta fa un momén estabe aquí dabán de natres.

Va di Bruno:

—¡Que fa poc? Me pareix está segú de que ara está a casa dinán y mos ha dixat a natros en la faenada de aná buscán les pedres negres per nestos Comellassos aball.

—¡Ah!, qué be ha fet - va di entonses Bufalmacho- , burlánse de natros y dixánmos aquí, ya que ham sigut tan tontos com per a créurel. ¿Creus que ñaurá datre tan ruc com natros que s´haguere cregut que als Comellassos o allá baix a La Cometa se podíe trobá una pedra tan milagrosa? Calandrio, al sentí estes paraules, va imaginá que aquella pedra habíe arribat a les seues máns y que, per la virtut de ella, encara que estiguere ell presén no lo véen. Contén, pos, sobremanera de tal sort, sense dils res, va pensá en torná a casa seua; y tornán sobre les seues passes, va escomensá a entornássen.

Veén aixó, Bufalmacho va di a Bruno:

—¿Qué fem natros? ¿Per qué no mon anem?

A lo que Bruno va contestá:

—Anémon; pero juro a Déu que Calandrio no men fará ni una mes; y si ara estiguera prop de ell com u hay estat tot lo matí, li aventaría este códul al taló y sen enrecordaríe un mes de esta broma.

Y dites estes paraules, va estirá lo bras y li va fotre a Calandrio en lo códul just al calcañá. Calandrio, sentín lo doló, va eixecá lo peu y va escomensá a bufá, sense cridá, y después sen va aná. Bufalmacho, agarrán un dels códuls que habíe plegat, li va di a Bruno:

—¡Ah, mira este codolet: aixina li foteguere ara mateix a la riñonada a Calandrio! Y, avián-lo en tota la forsa que teníe, li va assertá als riñóns; y en ressumen, de esta manera, ara en una paraula y ara en un atra, per los Comellassos aball hasta la selva de la cometa lo van aná codoleján y lapidán.

Allí, avián an terra les pedres que habíen arreplegat, una mica se van aturá a parlá en los guardes, que, abáns informats per nells, fingín no vórel, van dixá passá a Calandrio aguantánse la rissa mes gran del món. Calandrio, sense pará ni descansá va arribá a casa seua, que estabe a la vora del cantó del castellá ; y tan favorable li va sé la fortuna a la burla que mentres ell per lo barrang baixabe y después per los carrés del poble, dingú li va dirigí la paraula, ya que ne va trobá pocs perque tots estaben dinán. Va entrá carregat a casa seua. Estabe la seua dona (que teníe per nom Tresa), dona hermosa y valenta, a dal de la escala, y una mica cabrejada per la llarga tardansa, y veénlo vindre va escomensá a díli renegán en los brassos com una engerra:

—¡Ya te porte lo dimoni! Tot lo món ya ha dinat cuan tú vens a diná. Lo que sentín Calandrio y veén que lo vee, ple de amargura y de doló va escomensá a cridá:

—¡Ay!, dona roína, tú m´has arruinat; pero per Déu que me les pagarás. Y puján a una saleta y descarregades allí les moltes pedres que habíe arreplegat, ensés de rabia va escomensá a dili de tot menos guapa.

Bufalmacho y Bruno, después de que en los guardes sen habíen enrit un ratet, a poquetet van escomensá una mica de lluñ a seguí a Calandrio; y arribán a la seua porta, van fingí que arribaben entonses, lo van cridá. Calandrio, tot suát, roch y baldat, se va assomá a la finestra y los va demaná que pujaren aon estabe ell. Ells, mostránse una mica enfadats, van pujá cap a dal y van vore la sala plena de pedres escampades. A l´atra part Calandrio, fluix y sofocat, assentat. Y después de habé mirat un rato van di:

—¿Qué es aixó, Calandrio? ¿Vols fé un muro, que te veém en tantes pedres? Y además de aixó, van afegí:

—¿Y la Tresa qué té? ¿qué locures són éstes? Calandrio, cansat per lo pes de les pedres y per la rabia y en lo doló de la fortuna que li pareixíe habé perdut, no podíe recuperá l´esma per a pronunsiá sanseres les paraules de la seua contesta; per lo que, donánli tems, Bufalmacho va tornáy:

—Calandrio, si estabes enfadat per algo, no teníes per naixó que oféndremos a natros; que, después de que mos vas convense de buscá en tú la pedra pressiosa, sense dílay ni a Déu ni al dimoni, mos has dixát com a dos cabróns als Comellassos y has vingut a casa teua, lo que es una maldat mol grossa; pero per sert que ésta sirá la radera que mos farás.

An estes paraules, Calandrio, esforsánse, va contestá:

—Compañs, no tos enfadéu: les coses han sigut de un atra manera de la que pensáu. Yo, desventurat, hay trobat aquella pedra; ¿y voléu sabé si dic la verdat? Cuan primé tos preguntábeu per mí la un al atre, yo estaba a menos de deu passes de vatros, y veén que tos arrimábeu y no me veíeu, hay tirat per abán, y seguín una mica per abán hay arribat a casa.

Y escomensán per una punta, hasta lo final los va contá lo que habíen fet y dit ells, y los va enseñá la esquena y les cames, cóm los hi habíen dixat los códuls, y después va seguí:

—Y tos dic que, entrán per la cometa en totes estes pedres damún que aquí veéu, res me van di (y ya sabéu lo desagradables y molestos que són) los guardes que u volen mirá y sabé tot, y ademés de aixó, hay trobat pel carré an algúns dels meus compares y amics, que sempre solen dirigím algún saludo y hasta invitám a beure, y no ne ha ñagut ni un que me diguere ni mija paraula, com si no me veiguéren. Al final, arribán aquí a casa, este dimoni de dona me se ha ficat dabán y me ha vist. Yo, que podía dim lo home en més sort de Beseit, hay quedat lo mes desventurat. Los compañs li van di  que de estes coses cap culpa teníe la seua dona, mes que ell. De esta precaussió Déu lo habíe privat o la sort no debíe está en ell, o teníe al ánimo engañá als seus compañs, als que, cuan sen va doná cuenta de habé trobat la pedra los u haguere tingut que avisá. Y después de moltes paraules, no sense gran faena reconsiliánlos an ell y a la dona, y dixánlo melancólic a la casa plena de códuls, sen van aná.